Philipp Herold

Alles zu seiner Zeit

Zweite Auflage 2020

Lektora GmbH
Schildern 17–19
33098 Paderborn
Tel.: 05251 6886809
Fax: 05251 6886815
www.lektora.de

Druck: Standartu Spaustuve, Litauen

Satz, Gestaltung und Umschlaggestaltung:
Lisa Berns, www.lisaberns.de

Lektorat: Ken Yamamoto, Denise Bretz

Audioaufnahmen: Wolf Hogekamp

Printed in Lithuania

ISBN: 978-3-95461-125-6

»Ich seh die Welt wie einen
Stummfilm und schreib Untertitel«

Freundeskreis

»If I wasn't kicking rhymes
I'd be kicking down doors«

Gang Starr

Aufbau

Intro

Dieser Textband
ist konzipiert wie ein Album,
das sich über lange Zeit aufgebaut
und mithilfe vieler besonderer Menschen
schließlich zusammengesetzt hat. Und so
unterschiedlich die einzelnen Stücke sind, so
verschieden sind auch die jeweiligen Illustrationen
dazu. Ganz besonders freue ich mich auch über
die beiden Feature-Gäste, mit denen ich die Team-
Texte in diesem Buch gemeinsam geschrieben
habe. Wie ihr zu den Audioaufnahmen
gelangt, steht im Outro (S. 92) –
aber bis dahin erstmal:
Viel Vergnügen!

Einleitung

von Lars Ruppel

»Denn manchmal spielt es – wie Musik bis – es mir beliebt, es – mich wie ein Beat trifft – der mehr so deep ist – etwas Vertieftes – in einer Welt voller Yin und Yang, Euphrat und Tigris«

Diese Worte aus ›Das Spiel‹ trage ich, seit ich den Text das erste Mal hörte, wie einen Ohrwurm mit mir rum. Ich kann sie deutlich hören, gesprochen mit Herolds bettdeckenwarmer Stimme und seinem Flow, in dem seine Ambivalenz zwischen Straße und Universität herauszuhören ist. Herold kann schreiben, er ist ein technikverliebter Lyriker, der wahrscheinlich noch immer die Gedichtanalyseklausur aus dem Deutschleistungskurs bestehen würde. Und er ist ein Rapper, klangverliebt und laut, rhythmisch und selbstbewusst im Auftreten.

Natürlich kann man sich fragen, ob diese Welt wirklich voller Euphrat und Tigris ist oder ob das einfach nur tight klingen sollte oder ob er auf die mesopotamische Schöpfungsgeschichte anspielt oder auf den Nahost-Konflikt. Doch genau an diesem Punkt werden Herolds Texte zu Herolds Texten: wenn dich klangliche und inhaltliche Wucht überrollen. Deswegen ist er das Role Model eines Slam-Poeten. Er weiß zu begeistern, ohne auf inhaltliche Substanz zu verzichten, er beherrscht Prosa und Reim und ist ein energiereicher Performer und im Gegensatz zu vielen seiner Kollegen liebt er das, was er tut, nicht nur des Applauses wegen. Man sieht ihn zuhören und eintauchen, er lobt Kollegen und diskutiert mit ihnen leidenschaftlich über Texte.

Er hat sich mit seiner Veröffentlichung Zeit gelassen, obwohl er als langjähriges Mitglied der deutschsprachigen Bühnenpoesiefamilie schon lange genügend Texte für ein Buch gehabt hätte. Auch darin bewegt sich Herold »irgendwo dazwischen«, denn einerseits ist er ein Perfektionist, der gewartet hat, bis seine Texte und seine Buchidee ausgereift waren. Andererseits spürt man zwischen den Buchdeckeln, zwischen jedem Buchstaben, zwischen jeder Zeile und wenn man sich mit ihm unterhält, eine Leichtigkeit, um die ihn viele Menschen beneiden.

»Ist ja auch Poesie –
eben nur ein Spiel.«

Wenn sich im großen Periodensystem
ein paar Einzelne so gut verstehen
dass sie sich annähern und probieren
miteinander zu fusionieren
bis Moleküle sich verbinden
und Strukturen neu erfinden
die sich an Enden zärtlich fassen
bis sie ineinander passen
um sich zu vereinen wie noch nie
dann stimmt die Chemie

Es brennt

2016

Illustration von
Zoe Pilarski

Es brennt

Zu einer Zeit, als das Licht allein dem Feuerball am Himmel vorbehalten, die Dunkelheit nur der wohlgeformte Vollmond zu durchbrechen wusste und die Kälte der Nächte nicht durch einen simplen Zaubertrick zu überlisten war ...
Als Birnen noch Birnen waren, wenn man überhaupt in Gegenden lebte, in denen es Birnen gab ...
Als Benzin noch nicht brennbar, Waldbrände undenkbar und der Mensch zwar schon Welt, doch die Welt noch nicht Mensch war ...

Zu eben jener Zeit weit vor Zunder und Zippos
Markasit, Pyrit, Fackeln und Fidibus
Hohlspiegeln, Herdplatten, Schreibtischlampen
war ein Vorausdenkender nicht ganz einverstanden
mit der Güte des gewissen Göttervaters:
»Also, Diggi! Ich mein, Zeus, es gibt da ein Ding
das beschäftigt mich nun schon seit Tagen
Du kannst doch nicht, nur weil sie sterblich sind
den Menschen das Feuer versagen!«
Dieser, von all dem sehr unbeeindruckt
hatte nicht mal mit den Schultern gezuckt
Es juckte ihn wenig, keine Regung im Gesicht
er entgegnete nur trocken: »Wieso nicht?!«

Nun gut. Der Titan darauf hingegen
beschloss, jenes Element eben zu stehlen:
die fehlende Vier neben Luft, Wasser und Erde
auf dass der Mensch bald zum Kulturwesen werde
Abgezweigt von einem Riesenfenchel
hob er nach oben zum Himmel den Stängel

an den Funken sprühenden Sonnenwagen
welchen er über sich kommen sah
entzündete an Helios die Fackel zum Glück
eilte mit ihr auf die Erde zurück
um die ewigen Flammen dem Menschen zu vermachen
und an einem Holzstoß das Feuer zu entfachen

Oh, Prometheus! Dir sei der Dank
dass ich nach dem Auftritt einen rauchen kann
den romantischen Esstisch Teelichter zieren
wir im eisigsten Winter trotz Schnee nicht erfrieren
bei Sankt-Martins-Umzügen Kinderstimmen erklingen
und an Lagerfeuern Sunnyboys ›Wonderwall‹ singen
dass wir bei Dunkelheit trotzdem noch sehen
und in Krisengebieten die Bomben hochgehen

Denn Feuer war sicher ein großes Geschenk
als hohes Gut hilfreich und herrlich
doch wenn man nicht nur an die Vorteile denkt
dann ist Feuer auch scheiße gefährlich

Und so kommt hier nun die Frage auf:
Wieso schenkte man uns überhaupt Feuer?
Und ist's im gewöhnlichen Tagesablauf
nun Freund oder doch Ungeheuer?
Im Kern seines Wesens ist's keins von den beiden
und wird sich auch stets selbst aufs Neue entscheiden
doch trägt es in sich eine weitere Kraft
die uns so viel mehr Energie verschafft
Nur leider sind wir dem Irrglauben erlegen
man müsse das Feuer kontrollieren und verwalten
Drum gibt uns Prometheus noch heut zu verstehen
wir sollten es ganz anders erhalten:

»Ach, Mensch! Keiner brennt mehr darauf
Unmögliches wirklich zu wagen
Alle sind cool, beherrschen ihr Temperament
statt Feuer auch in sich zu tragen!
Muss man euch alles detailliert verkünden?
Ihr sollt doch auch Körper und Geist entzünden!
Blut so hochkochen, dass es Funken entfacht
alles zum Leuchten bringen in dunkelster Nacht
den Himmel befeuern, der händeringend
bald Tausende von Herzen zum Brennen bringt
Lasst in euch selbst alle Flammen aufgehen
und das Lodern der Lichter wie Tanzen aussehen
Schnitzt nur ein Streichholz, das Dunkles verdrängt
– ihr werdet schon sehen: Es brennt!«

Und irgendwie hat er Recht. Mein Nachbar weiß sicherlich bestens Bescheid, wie er behutsam seinen Herd bedient, und selbst einfach gestrickte Menschen verstehen, wie ein Feuerzeug funktioniert. Nur das Zeug dazu zu haben, ein Feuer zu entfachen, erfordert doch selbstverständlich einen Funken mehr Gefühl. Einer meiner besten Freunde kann weder Feuer schlucken noch Feuer spucken. Und doch weiß ich, dass es in ihm brennt. Denn jedes Mal, wenn er eine flammende Rede hält über das nächste unmögliche Ding, das es zu drehen gilt, zeigt er sich in Zungen wie von Feuer. Und dann denk ich mir schmunzelnd: Was sind schon Raketen und Menschen, die ihre Hände für etwas ins Feuer legen, gegen einen revolutionären Plan, eine haarsträubende Idee, um sich gegen die Götter zu erheben?

Ich bin letztens in meinem Zimmer
auf einem Wäschestapel ausgerutscht,
in eine Reiszwecke getreten,
habe mich am Kleiderschrank gestoßen,
meinen Fuß an der Schreibtischlampe
gebrochen und ihn dann im
Drucker eingequetscht. Deswegen widme
ich diesen Text allen Menschen,
die manchmal Probleme haben,
zuhause aufzuräumen ...

Ordnung lass sein

2012

Illustration von
Filomena Franke

Ordnung lass sein

Irgendjemand Verwirrtes hat einmal gesagt:
»Wer die Präzision fürs Detail nicht verliert
der ist vielleicht einfach in sich geordnet.«

Auf der Innenseite meiner Tür
ist ein Zimmer, in dem steht
2 mal so viel, wie ich darin vermute
4 mal so viel, wie ich darin gern hätte
und wohl 42 mal so viel, wie ich eigentlich brauche

Angeblich augenscheinlich
scheint's hier kaum augenweidlich
mancher Mutter wär's wohl peinlich
doch ich, ach, das bisschen, ich seh's nicht so kleinlich
Unordentlich mag es hier manchem erschein'
umso vertrauter manch anderem sein
Ortsunkundigen und Touristen fehlt es an Weitsicht
aufzuräumen gäb's hier wahrscheinlich reichlich
angefangen bei sämtlichen Blätterstapeln und Bleistift
auf dem, sagen wir, etwas unaufgeräumten Schreibtisch
über Bücher, Blöcke, beinah Bastelbögen
hin zu Zeitschriften, Zetteln und Kassenbelegen
Ein Zimmer, in dem sich Dinge um die besten Plätze prügeln
überall Klamottenberge, es gäb ganze Sets zu bügeln
Das Tausendteiletrauma inmitten von Tragetaschen und Tüten
der Büchse Pandoras nahezu wahrgemachte Mythen

Oh ja, hier gibt es ganze Horden zu ordnen
nur werden sie in Worten zu: »Och, das mach ich morgen!«
Und weil eben dieser so weit weg scheint wie der Morgenstern
fühl ich mich in all dem Chaos so, als gäb's kein Ordnen mehr

»Na, Staubkorn ... Jaja ... Vermutlich hast du Recht
in einem Paralleluniversum wären wir sicher Freunde«
Ich glaube, so ein Gottesteilchen
könnte sich hier mal gemütlich austoben
rigoros durch den Raum rauschen überm Staubboden
und all die Dinge, die sich ringsherum hausbaugleich aufstauen
an Ordnung und Stelle einfach wirbelwindig aufsaugen

Staub – Späne – tote Tierchen – Fussel – Körner – Dreck – Flecken
Asche – Kohle – Kronkorken – Haare – Flusen – Papierfetzen
Kullis – Kabel – Post – Karten – Krims Krams – Textecken
Teelichter – Reiszwecken – Zeitungsseiten – Dreckwäsche

»Unordnung, ... du kannst so hässlich sein.
Nur scheint dein Unheil immer so schrecklich klein.«

Ach Ordnung, wir wären sicher gute Homies, das schon
nur fehlt mir dafür leider oft die Motivation
Ich mein, ich dreh ja die Musik laut und raffe mich auf
doch pedantisch dranzubleiben, schaff ich halt kaum
Ich verlier mich lieber in den Dingen, fasse sie auf
und den Prozess voranzutreiben, lass ich im Raum
mal so stehen

Sicher, gewiss, Ordnung ist
der Erscheinungsbildarbeit hoher Lohn
doch was für mich noch über ihr thront
ist die Präzision
und die hab ich, glaub ich, schon
auch wenn sie nicht aufräumend
in meinem Zimmer tobt
vielleicht weil sie eher kreativ
in meinem Innern wohnt

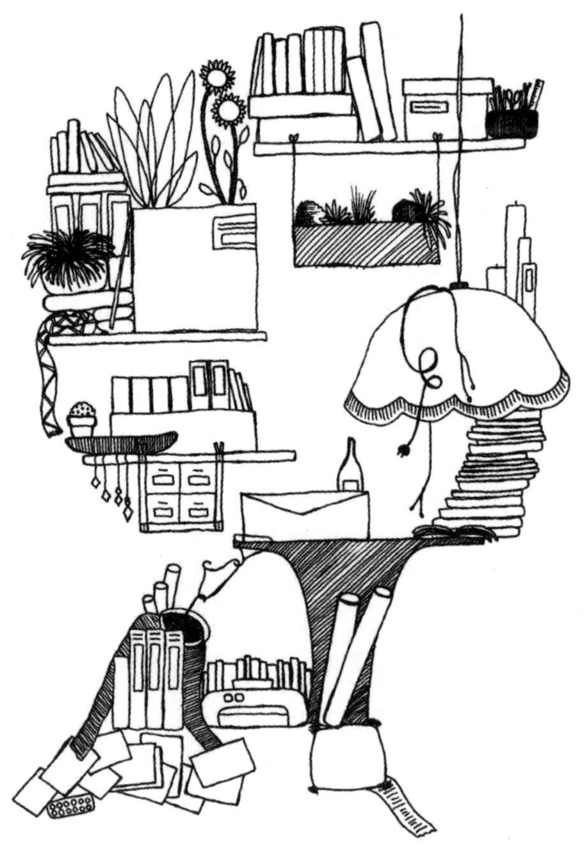

Und wahrscheinlich ist es genau das
was mich und meine Außenwelt
auch ungenauer aufgestellt
trotzdem noch am Laufen hält

Ordnung tut den Menschen gut
wo sie sich vereinen
als ›Orientierungsübereinkunftsmaßstab‹
damit sie sicher scheinen
doch ist sie nicht die Energie
der Anstoß, der erzwingt
dass das Verhältnis von Motivation zu den Visionen stimmt

Denn was uns zu Kreativem und Höchstleistungen bringt
das ist die Präzision des intrinsischen Instinkts
und jene steckt im Individuum
als Anspruch und Antrieb
der die Handlung letztlich anschiebt
und die Wandlung so an Land zieht

Und wer dann die Präzision fürs Detail nicht verliert
der mag eben in sich geordnet sein
und vom Chaos inspiriert

Wir sind Casino Wetzlar:
einer Porno- und einer Rap-Star,
die einzige badisch-schwäbische
Boyband dieser Welt.
Und für unser erstes Album haben wir
einen Song geschrieben, der gleichzeitig
ein Soundtrack geworden ist – quasi
ein Lied zu einem Film,
den es noch nicht gibt …

Das Mädchen aus dem Zug

2015

feat. Tobias Gralke
(Team Casino Wetzlar)

Illustration von
Lisa Berns

Das Mädchen aus dem Zug

»Meine Damen und Herren, auf Gleis 3 fährt nun ab:
der Intercity Express 376 über Karlsruhe, Mannheim,
Frankfurt und Fulda zur Weiterfahrt nach Leipzig.
Die Abfahrt 14:57 Uhr, bitte Vorsicht an der Bahnsteigkante!«

Haaaaaaaaaaaaaaaalt!

Es gibt Lieder über Layla
über Angie und Roxanne
über Girls from Ipanema
über Sarah und Susanne
über Mary und Joanna
ja von allen nur genug
doch noch keins ward je geschrieben
für das Mädchen aus dem Zug

1, 2, 3, 4

Strophe 1
Sie sitzt mir gegenüber
und muss weit gefahren sein
liegt im Halbschlaf auf den Sitzen
und wär sicher gern allein
Sie schreckt kurz auf und rutscht ein Stück
es schließen sich die Türen
im Abteil ist es so eng
dass Knie sich berühren
Wenn sie aufschaut, sieht sie
dass mein Blick sie fokussiert
sie wendet sich dem Fenster zu
und lächelt irritiert

Aus der Jacke, die sie zudeckt
lugt ein Stückchen weiße Haut
sie spricht mit einem Anrufer
und klingt dabei vertraut
Wo sie aussteigt? Wer sie abholt?
Worüber sie spricht?
Was sie denkt? Wie alt sie ist?
Das frage ich sie – nicht
Sie nickt mir freundlich zu
und schiebt sich auf den Gang hinaus
nur eine Ahnung bleibt im Raum:
Was sähen wir gut zusammen aus!

Refrain
Liebes Mädchen aus dem Zug
wohin soll die Reise gehen?
Münster, Marburg, München, Mainz
wir werden uns nie wiedersehen!

Warum in die Ferne reisen
denn das Gute sitzt so nah
und ist nach dem nächsten Halt
vielleicht schon nicht mehr da

Strophe 2
Sie sitzt mir gegenüber
und ist wunderschön vertieft
merkt vermutlich nicht mal
wenn man zu ihr rübersieht
Doch in den Glanz, der sie umgibt
wie sie sich ans Fenster schmiegt
hab ich mich schon fast verliebt
obwohl sie eigentlich nur liest

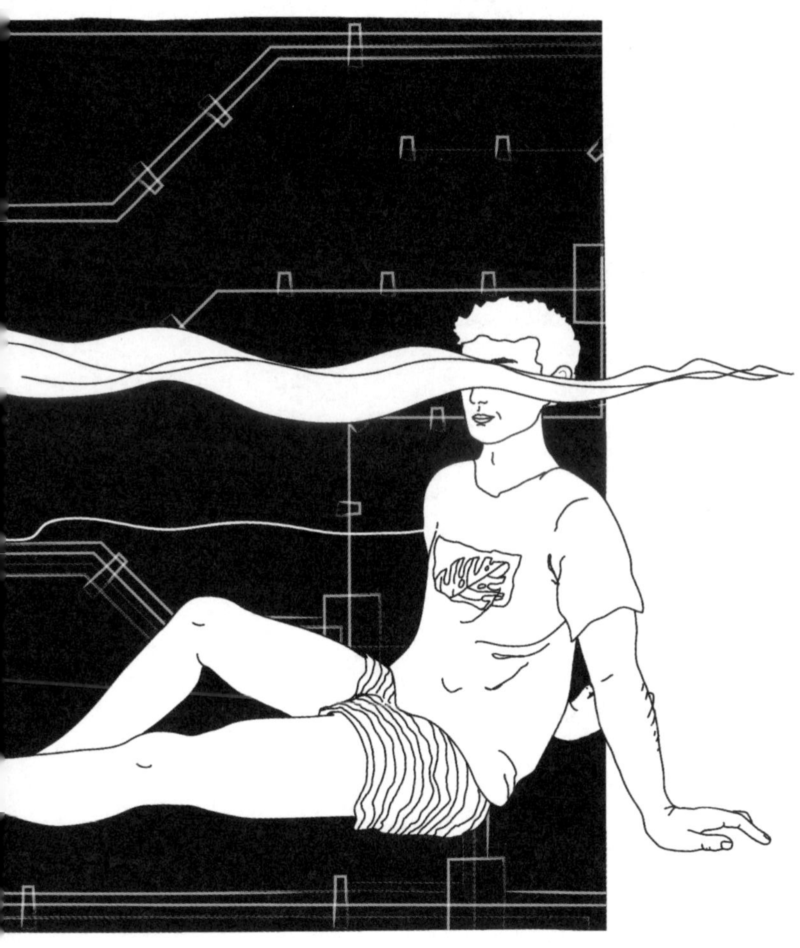

Nur wie sich ihre Grübchen bilden
wenn sie tief versunken lacht
da frag ich mich, wohin sie fährt
und was sie wohl heut Abend macht
Es liest sich nicht in ihrem Angesicht
sie überstrahlt das Tageslicht
Wie gerne spräche ich sie an
und weiß doch ihren Namen nicht
Lilly, Lara, Lena, Laura
Lola, Lisa, Petra, Paula?
Mimi, Mara, Mira, Maren
Kiki, Karla, Kira, Karen?
Missy, Chrissy, Lissy, Sisi?
Was weiß ich denn, wie du heißt
ich will doch nur, dass du weißt:
Du bist übertrieben nice!

Refrain
Liebes Mädchen aus dem Zug
wohin soll die Reise gehen?
Liegt es wirklich nur an uns
ob wir uns je wiedersehen?

Wir haben nie ein Wort gesprochen
uns nie etwas verliehen
haben nie ein Wort gebrochen
und uns nie etwas verziehen

Bridge
Aber immer bei Verspätung muss ich an dich denken
wie wir uns begegneten, einen Halt vor Kempten
Bass im Ohr ganz laut, so saßt du da
vor uns wurd gebaut und wir kamen uns nah

Wir zogen die Vorhänge zu und uns die Zeit zärtlich aus
lagen lachend auf dem Boden, liebten uns so herzlich laut
stießen all die Lust im Bauch triefend in die Luft hinaus
Die Scheiben beschlugen von Atem und Schweiß
die Welt aus den Fugen, wir beide entgleist
rollten uns keuchend hinaus auf den Gang
und kamen – gemeinsam – am Zielbahnhof – an
Rauchten die Zigarette danach dreist auf dem Klo
wir deckten uns ein im Bordbistro
Diese Welt war zu klein für uns zwei
wir rauschten an Ländern und Städten vorbei
besuchten unsere 17 Kinder, wurden hier im Sechser alt
Hochzeitsreise Interrail, scheiß doch auf den nächsten

Haaaaaaaaaaaaaaalt!

Es ist so leicht, zu fantasieren
sich in Wehmut zu verlieren
was gewesen wäre, wenn
statt es einfach zu probieren

Wer bin ich, dich zu besingen
als hätte ich mich leichtgetan
statt hier etwas zu erzwingen
lasse ich dich weiterfahr'n

Wenn es nicht so sein soll
liebes Mädchen aus dem Zug
war die Zeit dir gegenüber
für den Moment auch schön genug

Im Folgenden ein Text über
Geschichte, doch da ich meist
eher Gedichte statt Geschichten
schreibe, ist dieses Gedicht
nun geschichtet …

Bewusstsein und Zeit

2015

Illustration von
Moritz Konrad

12.03.1991
In Düsseldorf stirbt Emmi Bonhoeffer, die sich auch nach dem Zweiten Weltkrieg stets gegen das Vergessen der deutschen Untaten während der Nazizeit engagierte. /
In Heidelberg erblickt ein nackter Junge das Licht der Welt, der weder sprechen noch beurteilen, noch reflektieren kann. ›Plop‹ hat es gemacht und da war er.

Ich bin ein Teil der Geschichte. Meiner Geschichte, deiner Geschichte, einer Geschichte. Ich bin nicht unsichtbar.
Ich bin nicht ohnmächtig. Ich lebe, also handle ich. Wie, wo, wann und wofür steht in meiner Verantwortung. Also mach mich nicht kleiner als ich bin! Verschleiere mir nicht die Sicht! Und pack mich nicht in Watte!

»In der Nacht auf den Donnerstag haben mehrere Jugendliche / im sogenannten Problembezirk / kam es erneut / zu / Tausenden gingen sie auf die Straßen und / forderten / den Mindestlohn wollen viele der Arbeitgeber wohl doch / nicht / so gut sieht es dagegen im Süden des Landes / aus / der Opposition heißt es dagegen: Was ist hier eigentlich los?«

Jeden Tag schreibt man mir Geschichte
Jeden Tag zeigt man mir Berichte
sogar weitreichend und gewichtig
doch meistens bleib ich dabei sitzen
und denke: »Alter ... Scheiße!«

Nur manchmal überlege ich dann, was mich denn überhaupt noch dazu bringen würde, anzuzweifeln, einzureißen, anzugreifen, einzuschmeißen – bis ich wieder daran verzweifle, dass dieses iPhone so viel angenehmer in der Hand liegt als diese Steine, von denen immer alle reden.

27.03.1993
Die Rote Armee Fraktion verübt einen Sprengstoffanschlag auf die JVA Weiterstadt. / Meine Schritte werden langsam sicherer und ich fange an, zu sprechen.

Geschichte, Geschichte, Geschichte ...
Sie kommt rein – wir überfliegen – online oder im Spiegel – doch was bleibt – bei aller Liebe – ist doch eigentlich immer wieder die Frage, was mich denn noch wirklich berührt? Was nicht mit einem Stapel unübersichtlich Neuem bald wieder vom Tisch ist, mit einem Zapp oder Klick schon wieder auf- und weggewischt ist?

25.04.1995
Der erste Castor-Behälter erreicht Gorleben. /
Ich kann endlich schwimmen und breche mir ein Bein.

»Unfassbar, was da passiert ist!« /
»Viel zu heftig, was da abgeht!« /
»Aber alleine kann man ja auch nichts ändern.« /
»Ich bin ja nur ein Sandkorn.«

Jaja, jaja. Wohl wahr! Wohl wahr die plausibelste Ausrede seit es Ausreden gibt. Aber ich bin ein Teil der Geschichte. Oder habe ich profane Argumente, mich da rauszuhalten? Ganz dringende und ziemlich wichtige Gründe, um mich aufzuhalten? Was wird mich wirklich bewegen? Lichtenhagen? Solingen? Dresden?

transporter, Hubschrau
unglaublich
kriecht in den
wütend
die

24.03.2003
In Hamburg wird die aus rund 20.000 Schülern bestehende Demonstration ›Jugend gegen den Krieg‹ nach Ausschreitungen von der Polizei gewaltsam aufgelöst. / Geladen mit pubertärer und rebellischer Ahnungslosigkeit werfe ich einen Silvesterböller in die Toilette des Schulhauses und fliege wenig später als ›Der Sprengmeister‹ vom Gymnasium.

Dieser Text ist kein erhobener Zeigefinger
und wenn, dann ist er auf mich selbst gerichtet
keine Propaganda, nur eine von Milliarden
Reflexionen dieser Weltgeschichte
Er ist ein Blick in die Vergangenheit
weil uns ja das Retro so gefällt
doch auch kein Moralapostel
viel mehr ein Memo an mich selbst

Nein: Ich muss nicht jeden Tag die Welt verbessern
Aber ja: Wenn ich wirklich will, dann kann ich das auch
Nein: Ich muss und kann nicht das ganze Weltgeschehen verstehen
Aber ja: Wenn ich von einzelnen Geschichten weiß, muss ich zu ihnen eine Haltung entwickeln

27.02.2007
Das Bundesverfassungsgericht in Karlsruhe stärkt die Pressefreiheit. / Ich fange an, erste Gedichte zu schreiben, bleibe aber vorerst meiner Rap-Formation ›Bullabue Crew‹ treu.

Geschichte, Geschichte, Geschichte ...
Was heißt das überhaupt: Geschichte schreiben?
Ein Alltags-Märchen? Eine Mitternachts-Novelle?
Eine Larifarifaselparabel?

Mama sagt:
»Du musst ja nicht gleich einen Roman schreiben!«
Und Recht hat sie.

12.05.2011
Winfried Kretschmann wird in Baden-Württemberg zu Deutschlands erstem grünen Ministerpräsident gewählt. / Ich erhalte die Zusage für mein Studium der Kulturwissenschaft und werde mich schon bald bemühen, die Dinge differenzierter zu betrachten.

Ich bin ein Teil der Geschichte. Meiner Geschichte, deiner Geschichte, einer Geschichte. Ich kann denken. Ich kann urteilen. Ich kann handeln. Wie, wo, wann und wofür, ist allein meine Entscheidung. Also rede mir nicht ein, es wäre anders! Verschaff mir Gewissen und Bewusstsein!
Und lass die Dinge an mich ran!

Heutiges Datum
Hier und jetzt verhallt ein Text über den Ansatz einer Haltung zur Geschichte. Über ein aufmerksames Beobachten und die flüchtige Möglichkeit des Mitgestaltens.
›Puff‹ hat es gemacht und weg war er.

Es trifft nicht alles ins Schwarze
manches verfehlt den Applaus
Es passt nicht alles in Schubladen
manches fällt einfach heraus
Es ist nicht alles erreichbar
manches soll einfach nicht sein
Es ist nicht alles vergleichbar
manches steht für sich
allein

Ausufern in Einfluss

2012

Illustration von
Vanessa Briel

Ausufern in Einfluss (Irgendwo dazwischen)

Ein Mann muss man ja sein. So ein richtiger Mann. Mit Bart und Taschenmesser und großen Händen und noch größerem Ego und vor allem mit Ahnung von Technik und Handwerk. Mit einem Plan, einem handfesten. So ein richtiger Mann, keine Memme.
»Bei Filmen weinen? Dass ich nicht lache!«

Ein Mann muss man sein. So ein richtiger Mann. Am liebsten Actionfilme schauen. Bei denen sich der Lamborghini 82 Mal um sich selbst dreht, während er von einem Hochhaus auf einen Militärtanker fliegt, nach der Landung sofort weiterfährt und Jason Statham hat nur eine winzige Wunde über dem Auge. Nein. Übertrieben gut Playstation zocken muss man können. Den eigenen Computer in- und auswendig kennen. Wissen, was CPU, RAM und VGA D-Sub (HD-15) sind. Ahnung von Autos muss man haben. Und die tollsten fahren. Große, teure, schnelle, leistungsstarke. Mit mehr Zylindern als überhaupt auf einen Kopf passen. Ja, Vollkaracho. Ja, Null auf Hundert. Möglichst rasant fahren und spät in den nächsten Gang schalten, driften können und so eine Scheiße.
»Du hast mal einen Mann geküsst?
Alter, bist du schwul!«

Nein. Ein Mann muss man sein. So ein richtiger Mann.
Mit Orientierungssinn und Ahnung von Stadtplänen.
Mit riesigen Lederstiefeln, Karohemden und Armbanduhren, so groß wie Dartscheiben! Und vor allem nur eine Jeans im Kleiderschrank. Ja, ganz viel essen muss man, doppelte Burger mit Speck und Zwiebeln und BBQ-Sauce und davon dann vier Stück. Und viel trinken muss man können. Und vor allem darüber reden. Und Angeben. Angeben. Ganz viel Angeben.

Erzählen, wo man war, wen man kennt, was man sich gekauft hat, was man sich noch alles kaufen wird, weiß der Geier, pipapo, etc. pp. Ja, pumpen gehen sollte man. Stark sein. Große Oberarme haben. Im Armdrücken gewinnen. Frauen beschützen. Sich schlagen und so einen Dreck.
»Du schreibst Gedichte? – So ein Scheiß!
Mach doch lieber lustiges Storytelling!«

Denn ein Mann muss man ja sein. So ein richtiger Mann. Mit dieser blöden, rauchigen Stimme reden. Krimis lesen. Oder Kehlmann oder Schätzing. Aber Rilke? Pah! Über Gefühle redet man nicht als richtiger Mann. Wenn man überhaupt welche hat. Man mag keine Spaziergänge. Man hasst stundenlange Telefonate. Und vor allem verabscheut man Smileys oder Emojis. Pfui. Man ist direkt. Man hat einen Plan. Denn Mann muss ja ein Mann sein. So ein richtiger Mann. Mit Bart und Taschenmesser und großen Händen und noch größerem Ego und vor allem mit Ahnung von Technik und Bla.

Aber muss man all das sein?
Muss Mann all diese Stereotype und Vorurteile vereinen?
Muss Mann all das dann auch nach außen tragen?
Ein Haufen Fragen, die ich mir stelle und insgeheim hoffe,
die Antwort darauf ist: Nein

Weil ich vielleicht einfach irgendwo dazwischen bin
Zwischen tausendfach gedruckten Bildern
von Mann und Frau
Denn das Verschwommene dazwischen
ist viel schöner anzuschau'n
Es legt nicht fest – gibt Freiraum –
lässt mich nicht immer als Mann sehen
und wie ein Chamäleon auch die anderen Farben annehmen

Denn manchmal mag ich die Frau in mir
das körperbetonte Tanzen, morgens um vier
die 27 Paar Schuhe in meinem Zimmer verteilt
Kurznachrichten, über die man mich immer erreicht
die Vorliebe fürs Singen, auch gerne auf dem Fahrrad
oder für alte, kleine schöne Dinge auf 'nem Flohmarkt

Und ganz abgesehen davon, ob ich nicht will oder kann
pass ich nicht so recht in dieses Bild von einem Mann
Denn schau ich auf manche ihrer Maschen, wird mir schlecht
Und mögen andere da draußen darüber lachen: Ist mir recht
Zeigt das doch lediglich, wie gefangen ihr seid
in staubigen Schablonen und Spangen der Zeit
vielleicht fällt Identität-Fischen anderen leicht – mir nicht
Weil bis zum Grund aller Dinge
selbst die längste Angel nicht reicht

Ich glaube, ganz gleich, an welchem Ufer du sitzt
steig ins Wasser, doch mach sicher, dass du das Ruder vergisst
fang an, dich im Fluss der Selbstfindung treiben zu lassen
um die eigene Identität darin gleitend zu fassen
Denn zwischen den Ufern, auf denen alles gefestigt
ist der eigene Fluss, der eben alles berechtigt
und sämtliche Strömungen dieser Welt vergisst
um herauszufinden, wer man selber ist

Für alle, die nicht wissen,
was eine Doppelherme ist:
Sie ist vergleichbar mit einem
Januskopf. Und für alle, die
nicht wissen, was ein Januskopf
ist – ich musste ehrlich gesagt auch
beides nachlesen – es ist in etwa
ein Kopf mit zwei Gesichtern,
ohne Hinterkopf...

Die Doppelherme

2014

Illustration von
Alexandra Theiler

Die Doppelherme (Uneins weit und breit zweigeteilt vereint)

Selbst die scharfäugigsten Blicke könnten wohl nicht nachweisen, ob ich denn nun mehr nach meinem Vater oder meiner Mutter komme. Die Lippen, die Augen, die Nase, der Bart ...? Wer kann das schon so genau sagen und mit Gewissheit beurteilen, was alles wo seinen urkundlichen Ursprung hat – von Gott mal abgesehen. Und selbst der konnte sich ja offenbar nicht so richtig entscheiden zwischen:
Tag und Nacht, schlafend und wach, Sonne und Regen, kommen und gehen, Liebe und Hass, dies und das.

Deshalb mag das Universum auch unergründlich endlos sein
letzten Endes bleibt doch jede eigene Welt unendlich klein
Meine passt geradeso in meinen Kopf hinein und kämpft dort
immer wieder mit einer eindeutigen Zwiespältigkeit

Ich bin in manchen Augenblicken ein durchaus abergläubischer Mensch. / Doch bin ich mir ziemlich sicher, dass man sein Schicksal auf jeden Fall mitbestimmen kann. Wenn auch nicht in jedem Fall.

Ich kann von einer Sache sehr überzeugt sein. /
Meistens bin ich aber eher erstmal skeptisch.

Auf der einen Seite gibt es so viele Sachen, die ich gerne machen würde. Sei es ein Musikalbum, eine Late-Night-Show oder ein richtig trickreicher Banküberfall. / Auf der anderen Seite will ich eine Sache aber auch immer möglichst perfekt machen und so komme ich erst gar nicht dazu, das alles überhaupt anzugreifen.

Manchmal kann ich mich an so viele Einzelheiten erinnern:

Dann rezitiere ich um die Wette oder glühe vor unnützem Wissen. / Oft kann ich mich deswegen aber nicht an das Wichtige erinnern. Dann komme ich ohne Brot vom Einkaufen nach Hause, obwohl ich eigentlich nur für dieses losgegangen war.

Ich denke mir dann, ich sollte vielleicht irgendwann gesichert im Leben stehen. / Und erschrecke vor mir selbst, weil ich doch auf keinen Fall alles geregelt haben möchte. Alltag, Trott, Dauerschleifen? Hilfe, nein danke! Dürfte ich bitte nochmal die Karte sehen?

Ich suhle mich gerne in Geborgenheit. Denn das verschafft einem wohl einfach das Gefühl von Sicherheit. / Fast krankhaft suche und liebe ich aber auch die Freiheit. Weil dann nichts sicher ist und vielleicht erst dadurch alles möglich.

Ich bin gerne unter Menschen. Sogar mit großem Vergnügen. / Es gibt aber auch genügend Momente, in denen bin ich einfach nur gern für mich alleine.
Ich bin sehr gerne laut. / Doch auch sehr gerne leise.
Nur manchmal bin ich mutig. / Viel zu oft bin ich feige.

Es ist mir oft so, als wären in mir zwei Welten
mein Kopf zwar geschlossen, doch in sich gespalten
So bleibt dann beizeiten geteilt in zwei Hälften
offen für Neues meist so vieles beim Alten

Die eine Hälfte ist weich und seicht und wunderbar zart /
die andere dagegen mir manchmal unbewusst hart.
Die eine braucht es schnell / die andere liebt es langsam
die eine will so wild sein / die andere lieber handzahm.
Die eine Hälfte mag mich männlich / die andere lieber weiblich.

Die eine liebt die Bühne / und die andere den Schreibtisch.
Die eine denkt: »Das, was ich weiß, das weiß ich.« /
Die andere dagegen: »Das, was ich weiß, das reicht nicht.«

Die eine sagt: »Hör auf deinen Kopf, folge deinem Geist!« /
Die andere: »Hör auf deinen Bauch, weil dein Körper viel
mehr weiß!«
Und das klingt in meinem Kopf dann manchmal wie ein Witz:
»Treffen sich ein Rationalist und ein Empirist …«

Während die eine Hälfte mir stets eindringlich rät:
»Bleib dir treu!« / ruft die andere enthusiastisch dazwischen:
»Erfinde dich neu!«

Die eine ist sehr ruhig / die andere gern flüchtig.
Die eine ist ein Dickkopf / die andere nimmt Rücksicht.
Die eine ist gern stark / die andere lieber schwach.
Die eine weint von Herzen gerne / während die andere
lieber lacht.

Es ist mir oft so, als wären in mir zwei Welten
mein Kopf zwar geschlossen, doch in sich gespalten
und meistens lassen sich, geteilt in zwei Hälften
die Gegensätzlichkeiten nicht so einfach verwalten

Aber vielleicht funktioniert das auch gar nicht anders.
Ganz ohne Für und Wider, Links und Rechts, Minus und
Plus. Weil es wohl erst dieses Wechselspiel der Gegensätze
braucht, welches es uns ermöglicht, manchmal so angenehm
ausgeglichen oder sogar richtig glücklich zu sein.
Im Einklang mit sich und den beiden Hälften.
Denn sind diese zwar uneins und ihre Meinungen geteilt,
so sind sie doch letzten Endes auch in uns vereint.

Dieses Gedicht sollte man sich
vorstellen wie ein Getränk.
Es beginnt oben mit der Schaumkrone
und endet unten mit dem Spuckschluck,
oder wie man in manchen Gegenden
auch gerne sagt: Uwe.
Auf genau diesen Namen hört
das Gedicht und geht wie folgt...

U.W.E.

2017

Illustration von
Julia Kubik

Uwe (Der Mann an der Bar)

Zwischen schummrigen Lichtern und Spiegeln in Holz
an den Stühlen vor der Spüle in der Wiege des Volks
wenn inmitten des Treibens, das der Abend erlebt
beim Trinken am Tresen manch Jahre vergehen
bei Williams Christ und Moskovskaya
Johnny Walker, Fernet Branca
sitzt unauffällig gleichzeitig ein Meister der Gescheiten
und doch meist scheinbar gescheitert ein Geist in dieser Kneipe
Ein Urgestein, trinkfest an die Theke gelehnt
in Gedanken vertieft, die das Leben erzählt
sein Brabbeln ist rar, sein Bierdeckel stolz
das müde Bestellen: ein Klopfen auf Holz
Er hat es längst aufgegeben, achtsam zu sein
vertraut nur seinem Klassiker: »Machs' mir noch ein'?«

Er sinnt so sehr in sich selbst, dass ich mich frag
ob er jemals jemand anderes war, bevor er hier saß
als ›Der Mann an der Bar‹?
Und heimlich frag ich mich sinnfrei beim Anblick dieses Geists
was ihn wohl hier hintreibt und wer das wirklich weiß?
Was vielleicht mit Kindern sei, Familie oder Freundeskreis
große Karriere, Einheitsbrei, Literaturnobelpreis?
Was ist deine Geschichte, lieber Mann an der Bar?
Schreibst du auch Gedichte? Kommst du auch nicht klar?

Lukas vermutet, du seist ein Geschichtslehrer in Rente
Jasper meint, du seist ein Handelsreisender mit Ente
Malte denkt, ehemaliger Fußballstar
der sein ganzes Geld verzockt hat
Ich glaube, gescheiterter Autor, unnahbar
weil du es zu schnell verbockt hast

lebst du von der Stütze der Theke
Gehaltsreste im Sprit ertrunken
Ideale gleichmütig am Grunde des Glases versunken

Gedanken über Gedanken
über Gedanken über dich
Doch eines Tages, irgendwann
pack ich all meinen Mut zusammen
trink, so viel ich will und kann
bin hackedicht und sprech dich an
Ich dreh mich zu dir um und frage etwas dumm
rüde, dilettantisch, viel zu früh per Du
doch du hörst mir scheinbar eh nicht zu
Drum rufe ich: »Ey Dude! Sag mal ...
Was machst du eigentlich hier?«

Da drehst du dich um und sagst eindringlich zu mir:
»Hä? Du zerbrichst dir den Kopf über mein Leben
statt selbst mal klarzukommen und nicht so viel zu reden?
Mal ehrlich ... Wasfaselsduhierdennso?
Legst Pathos in meine Geschichte
und kriegst doch selbst den Arsch nicht hoch
Erledige die Hausarbeit ... Bleib nicht so lang liegen
Nimm Entschuldigungen öfter an ... Trau dich, zu lieben
Putz dein Bad ... und stutz deinen Bart
Carpe den Diem, du Hänger ... Nutz mal den Tag!
Und nicht nur die Nacht, du Taugenichts!«
sagst du nun böse und haust auf den Tisch
um anschließend abschließend hinzuzufügen:
»Du findest also, ich seh traurig und verkommen aus?
Du willst doch nur ein melancholisches Bild billig komprimieren
und ich sehe beklommen aus, weil es dir gelingt
dein schlechtes Gewissen in mich hineinzuprojizieren!

Also: Wieso sorgst du dich um mich?
Junge, komm mal klar!
Kümmer dich um dich!«

Ich gebe zu:
Es braucht Güte und Respekt, um empathisch zu sein
und manchmal ist jemand vielleicht auch einfach gern allein
Nichts für ungut!
Lass stecken!
Da nicht für!
Nimm mich ruhig in die Pflicht
aber dann gönn mir auch die Kür!
Denn mein nun fälliger Applaus
in Form von Magengeschwür
schwingt sich hinaus
mit deiner Wahrheit zur Tür
und erbricht sich vor deinem alten Haus
kotzt all deine weisen Worte wieder aus
und verhallt schon bald
verwundet, doch selig
Auf dich, Uwe!
Unten wird's eklig

OPEN
BLAU

Da wohnt ein Schmetterling in meinem Kopf
vor Zeiten hat er sich eingenistet

oft zieht er vorbei
verziert und verpeilt
& verfliegt sich sogleich
friedlich und frei
in fremde Herzflügel hinein
baut sich behutsam ein Nest
windet sich verwundert
in das Gewächs der Hirnrinde
und wenn du ihn lässt, kommt er wieder
auch wenn er nicht mehr wissen sollte,
wo das ist...

Wir haben Angst

2014

feat. Dominique Macri
(Team Zweiter April)

Illustration von
Jana Riedel

Wir haben Angst

Fall nicht, solange du noch fliegen kannst
nur beflügelt löst es sich befreiter
und wenn du sie niemals besiegen kannst
ist die Angst dir ein schlechter Begleiter

Wir haben Angst
in Klammern und geflüstert
hinter Rücken und mit Händen
vor Augen, Mündern und Ohren

haben wir Angst, aufzumachen
Türen und Herzklappen und Bankgeheimnisse
Angst, ins Freie zu treten
aus dem Takt zu geraten
und zu pinkeln/pupsen
wenn es einer hören könnte im Nebenraum

Wir haben Angst
uns die Zungen zu verbrennen
vor roten Vorhängen
Witze zu erzählen
über die niemand lacht

Angst
schutz- und schrankenlos
dazustehen voreinander
groß und unbegrenzt
zerbrechlich zart und zaudernd zu viel
oder immer und immer
zu wenig

Du
reichst nicht aus
du musst etwas leisten
etwas geben
für etwas gut sein
doch bist niemals gut genug
und immer scheiße gekleidet

Wir laufen weite Kreise
im immer gleichen Takt
Rudeltiere geborgen im Geruch der Gleichgesinnten
denselben Weg, dieselben Werte
und immer Angst, allein zu sein
zu ausgefallen genug zu sein
mich fallen zu lassen vor dir:
Hüllen und Schutzhäute und Waffenarsenale

Vielleicht gehst du genau in diesem Moment
einen Schritt zurück
und ich falle
breche mir den Rücken
und kann nie mehr gerade gehen
Ich habe Angst vor dir
du riechst so gut

Du siehst so gut aus
verfängst mich im Traum
und das macht mir Angst
weil es so groß ist
größer als ich
und weil ich weiß, wie tief man fällt
wenn man Feuerwehrleitern bis ans Ende hochklettert

23 Meter

mindestens
Das reicht, um sich das Herz zu brechen

Und was, wenn ich mich wehre?
fragst du mich und ich denke
Versuch es gar nicht erst
Es hagelt auf dich ein:
das Schlechte, das Gute
das Schöne und Schwere
das Lausige, Laute
Schwierige, Zweifelnde
Vorschnelle, Weiche
und so viel von dir

Wir
legen Daumen auf Lippen, bevor wir uns küssen
den Kopf ein bisschen schief
kühle Zeigefingerspitzen hinter den Ohren
am Hals hinunter
leise die Nasenspitze entlang:
Einatmen

Keine Körper, nur mehr Atome
keine Hautwiderstände, keine Grenzen
weil es auch uns nicht mehr gibt
und keine Angst

Und dann
wieder vollständig sein
bleiben, bei sich
in die eigene Haut zurückkehren können
ohne Leere
ohne das Gefühl von Verlust
hilflos
verwunschen
und frei

Wir
sind Freaks
alle
gefangen in uns selbst
und wir zittern vor Angst
uns
ineinander
zu verlieben/verlieren

Verfall nicht, solange du noch fliegen kannst
nur beflügelnd bringt sie dich weiter
und wenn du sie irgendwann lieben kannst
ist die Angst dir dein bester Begleiter

Es gibt ein Land,
das vielen von uns
bestens bekannt sein dürfte,
selbst wenn die meisten unter uns
vermutlich noch nie da gewesen sind.
Dies ist seine Entstehungsgeschichte
und eine Einladung dorthin …

Terra Pipera

2014

feat. Tobias Gralke
(Team Casino Wetzlar)

Illustration von
Jasper Schmidt

»Kraft der Gesetze von Salt Lake City ist der Angeklagte
Jimmy Magerquark schuldig groben Unfugs, öffentlichen
Schlendrians und haarsträubender Narreteien! So hat man
in den Morgenstunden des heutigen Tages zum Schutze
der Sozialsysteme, der wirtschaftlichen Produktivität und
des öffentlichen Friedens ...«
den Toren aus der Stadt gejagt
hinfort an ferne Orte
die Ohren schon ganz abgenagt
von all den üblen Worten:
»Mach dich vom Acker!« – »Zieh Leine!« –
»Verpfeif dich!« – »Hau ab!« – »Geh singen!« –
»Verkrümel dich!« – »Schleich dich!« –
»Lös dich in Luft auf!« –
»Rück mir von der Pelle!« –
»Zisch ab!« – »Verpiss dich!« –
»Komm, fahr doch zur Hölle!« –
»Scher dich zum Teufel!« –
»Und sieh zu, dass du Land gewinnst!«

So beschloss der tief Gekränkte, nimmer mehr sich umzusehen
voller wüster Racheschwüre seines eignen Wegs zu gehen
Und wie er durch die Ödnis irrte, Füße wund, die Haut verbrannt
ließ er sich zum Sterben nieder auf ein ungelobtes Land
leerte seine Taschenreste – Samenkörner, letzter Stolz
»Nimm nur, Erde, was ich habe, das doch niemand je gewollt!«
Doch kaum, dass es gesprochen, entsprang der Erd' ein Knospen
der zu einer Ähre ward, aus der bald Blüten sprossen
Und er sprach: »Dies Land gedeihe! Ihr Narren, seid beschworen!
Wucherkraut und Rankenwerk aus Händen eines Toren!«

So geschah es
und er sah, dass es gut war
die restlichen sechs Tage ruhte er
Um ihn herum aber erwuchs aus einem kleinen Samen
ein unverhofftes Paradies mit wunderlichem Namen
Es entstand ein Land der ungenutzten Möglichkeiten
Refugium der aussichtslosen Ausgestoßenen
all der Menschen, all der Dinge
die an ander'n Orten niemand wollte
denn wenngleich auf keiner Karte
dieses Land verzeichnet war
war der Zustrom doch gigantisch
und es selbst zum Greifen nah

Pass auf!
Du gehst da vorne aus dem zweiten Fenster links
auf den Trampelpfad nach Altenau im Oberharz
mit der Linie 9 in die Toskana bis nach Guadalajara
dann die zweite Ausfahrt zum Mond und kurz vor Minsk
den großen Wagen am Mariannengraben entlang
dann über sieben Brücken und die blauen Berge
durch den Sonnenstaat, das Auenland, zwei Tagesmärsche
unter Neu-Atlantis durch und an der Schatzinsel vorbei
noch hinter Utopia, der Pampa und der Walachei
nach dem Niemandsland noch ein letzter Rest
– dort ist der Ort, wo der Pfeffer wächst

»Da, wo der Pfeffer wächst, offiziell Terra Pipera, ist ein Landstrich ohne Anschrift unweit des kindischen Ozeans. Die belebte Gegend um die Hauptstadt Pfefferson City ist seit über dreitausend Jahren unabhängig und seit der Redewendung 1509 in ersten Schriften vorzufinden.«

Hier vergnügen sich die Bären, die niemandem aufgebunden
selbst die dümmsten aller Fragen werden hier für schlau befunden
Das fünfte Rad am Wagen rollt am Horizont entlang
auf dem Sandstrand im Getriebe in den Sonnenuntergang
Denn ein Unkraut ist hier Zierde, Bauruinen ein Palast
Ungeziefer einfach Tiere, Unerwünschte sind zu Gast:
stadtbekannte Abgebrannte, die sonst übers Land streichen
aufsässige Saufnasen, die beim Barmann anschreiben
Tunichtgute, Trunkenbolde, Taugenichtse, Schwerenöter
Tagediebe, Trantüten, Zaungäste und Eigenbrötler
Scharlatane, Quacksalber und all die ganzen Pappenheimer
– ein Fundus an Unfug des Kundtuns von Humbug

»Berasen des Tretens verboten!«
steht auf dem Schild vor der Eckfahne
weil sie Leistungsdruck wenigstens hier
noch nicht entdeckt haben
Hier herrscht vielmehr ein Beraten des Tresens
bei verkorktem Wein und den Fragen des Lebens
die sich alle längst erledigt haben
Und so treffen sich bei Nebelschwaden,
gerne auch an Regentagen
beinah schon an jedem Abend
Wesen aller Redensarten

im Mekka für Spuckschlücke, Speckreste und Streichnoten
abgelaufene Bonuspunkte, Zehnfachreime in zwei Strophen
Fußnoten und Randnotizen, Buhmänner und Strandhaubitzen
Liebhaber im Schrank und alle gerade frisch Verlassenen
für traurig schlaffe Pimmel und vorgetäuschte Orgasmen
Laien und falsch verstandene Dichter und Denker
für abgelehnte Buchtitel wie ›Der Fister und sein Spanker‹

Tagträumer stehen Schlange auf dem Schlauch
und werden abgespeist
genüsslich in den sauren Apfel beißend auf dem Abstellgleis
Denn abseits von schnulzigem Milch und Honig
sind Bananen halt braun und Birnen schön mehlig
Wo die Suppe versalzen noch lecker schmeckt
– dort ist der Ort, wo der Pfeffer wächst

Und scheint dir dein Leben ein mühsamer Kraftakt
in dem du gar schlapp machst von zu schwerer Packlast
Termine oft absagst, das Zack-Zack bald satthast
weil Mitziehen keinen Spaß macht und Schritthalten abfuckt
und obwohl du dich abschaffst, reicht's nicht mal zum Abwasch
– dann lass ab! Komm, pack ma's! Du bist keine Fachkraft
Mach dir dein Schachmatt doch schmackhaft, dann klappt das
Es gibt einen Rastplatz, du brauchst keinen Atlas
Sei dir gewiss, dass du dort deinen Platz hast!

Wir befinden uns im Jahr 2014
Leistung steht uns hoch im Kurse
Effizienz ist Sinn und Zwecke
Homo Fabers Hohngelaber
hallt aus jedem unsrer Sätze:
»Wo gehobelt wird, fallen Späne!« –
»Was zu viel ist, ist zu viel.« –
»Was nicht passt, wird passend gemacht!« –
»Der Zweck heiligt die Mittel!« –
»Wer nicht hören will, muss fühlen!« –
»Wer nicht stören will, muss spülen!« –
»Wer betrügt, der fliegt!« –
»Bis zur letzten Patrone!« –
»Wir können nicht das Weltsozialamt sein.« –
»Willkommenskultur ist tödlich.«

Die ganze Welt ist einem Zeitgeist aus Nützlichkeitsdenken und Rationalismus verfallen. Die ganze Welt?
Nein! Ein von unbeugsamen Antihelden bevölkertes Land hört nicht auf, dem um sich greifenden Funktionalismus Widerstand zu leisten.

Und dahin, wo der Pfeffer wächst
ist der Weg nicht schwer
denn dieses Land ist ein Gedanke
und dieser Text ist nicht viel mehr

Ich hab mich lange gefragt,
wie andere ihren Spaß finden an
Miniatureisenbahnen, Quantenphysik
oder dem Voltigieren.
Doch irgendwann ist mir
klar geworden ...

Das Spiel

2011

Illustration von
Philipp Herold

Das Spiel

Der eine spielt herum beim Malen
die andere beim Sport
der Nächste wiederum mit Zahlen
und mancher mit dem Wort

Ich spiel eben mit Metaphern, Buchstaben und Reimfetzen
mag sie nun mal liebend gern in meinen Texten einsetzen
achte auf die Wortwahl und betone weich beim Rappen
manche sagen sogar, die mündliche Note sei »eins – setzen!«
und andere wiederum mögen es nicht einschätzen
doch für mich liegt Ausdrucksstärke und Poesie
versteckt in ein paar kleinen Sätzen
denn wenn ich Worte einwechsle für das, was rausmuss
bring ich wie im Copyshop Gedanken zum Ausdruck
und aus Druck, den ich mir selbst mach
werden Texte Spiegelbilder meiner selbst und der Gesellschaft

Doch worum es wirklich geht, ist:
1. die ewig bewegliche Metrik

in Sätzen auf Seiten – weise – reihenweise –
Zeilen – kleine Zeichen – feine Reime – zeigen –
Reisenmeilensteine – vom freien Schreiben –
ich meine:
Kleinkinder spielen mit Lego oder Playmo
ich lieber mit Textbausteinen
während andere Geschichten von gestern vergessen
will ich welche im Hier und Jetzt aufschreiben
Und auch ohne Punkt, Komma, Strich setz ich Zeichen
wenn ich Bilderbuchbände mit Stiften in Sätzen zeichne

Denn Poesie
beschert Buchstaben Bilder
die nicht jahrelang in Schubladen wildern
und feuchte Gebiete oder Blutlachen schildern
Nein, oft sitzen wir nächtelang am Schreibtisch
kritzeln kryptisch viel zu durchdachte Zeilen in Kleinschrift
texten wie besessen, fesseln große Ziele aufs Blatt
weil Leben, Lieben, Lyrik nun mal Poesie ausmacht

Hier können Alliterationen anschmiegsam aneinander-
gekoppelt sein
und Zeilen sich geschmeidig vereinen zum Doppelreim
Poesie, die macht uns manchmal mucksmäuschenstill
oder eben auch mal fuchsteufelswild

Doch worum es dabei wirklich geht, ist:
1. die ewig bewegliche Metrik
und 2. die Physik und Mystik der Lyrik

Denn manchmal spielt es – wie Musik bis – es mir beliebt, es –
mich wie ein Beat trifft – der mehr so deep ist – etwas Vertieftes –
in einer Welt voller Yin und Yang, Euphrat und Tigris

Wie Worte wirken, kann man sich nur im Kopf ausmalen
und doch besteht Phantasie heutzutage viel zu oft aus Zahlen
10010110101100100110001010101011
Manche spielen in oder an Computern herum
ich will in Worten mein eigenes Netz ausbreiten
während andere Geschichten von Tschernobyl vergessen
achte ich beim Reimen auf metrische Restlaufzeiten
Und auch ohne Punkt, Komma, Strich setz ich Zeichen
wenn ich Bilderbuchbände mit Stiften in Sätzen zeichne

Denn Poesie
verleiht Worten Flügel, in die sie mystisch schlüpfen
sich dann schwebend auf Wege begeben in Lyriklüften
und da oben erwecke ich meine müden Blicke
verleihe meinen Füßen Tritte
durchwandere Wortwelten wie ein Wiesenmeer
aus dem ich Blüten pflücke
Mal ehrlich: Wer weiß schon, was morgen bleibt?
Heut wohl nur das Jetzt und Hier
und das ist eben Gedankengut
ausführlich extrahiert auf einem Textpapier

Bis mir immer wieder klar wird, was für mich wirklich zählt:
Menschen mit Worten bewegen
und ihr sollt jetzt nicht aufstehen, rausgehen
euch an andere Orte begeben – nein
Weil ich sehe, wie man damit spielen kann
will ich Ohren beleben und Gedanken anregen
bis sich in Köpfen Zahnräder drehen und Schranken anheben
sich Phantasiewelten bilden
und Sinne tanzen im Regen des Redens
denn um folgende drei Punkte geht es:

1. die ewig bewegliche Metrik
2. die Physik und Mystik der Lyrik
und 3. das Wo und Wie
das So wie nie der Poesie

Und wenn der Text nun gleich vorbei ist
denkt sich der ein oder die andere vielleicht:
»Hmm, ja ... Wirklich schöner Text ...
Aber Aussage hatte er jetzt nicht wirklich viel!«

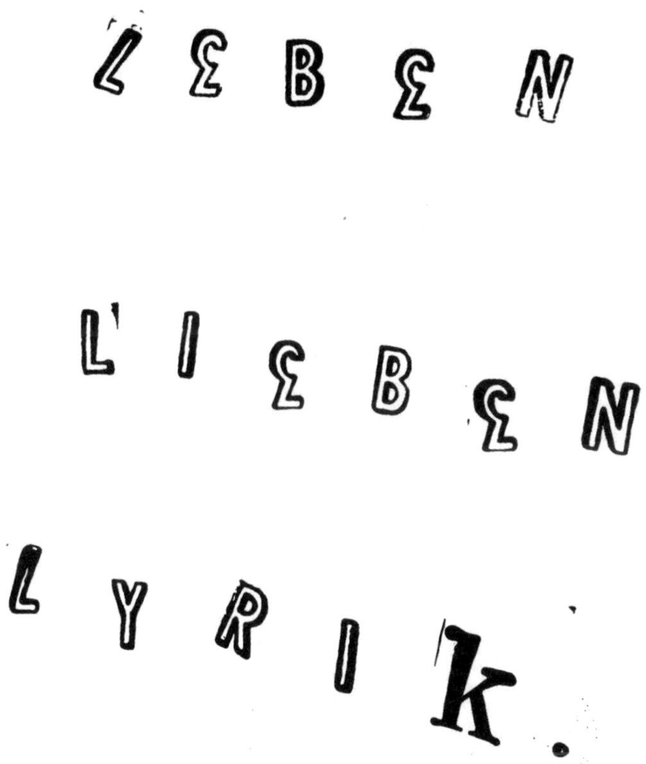

Dann würde ich wohl entgegnen:
»Ist ja auch Poesie –
eben nur ein Spiel.«

...

der Strick, den ihr mir dreht,
wird zum Spliff und ich versteh',
dass es nicht darum geht,
wo der Wind mich hinweht,
sondern vielmehr darum, dass ich nicht
weiß wohin, wenn an jeder Ziellinie
erst die Reise beginnt
bis in die Unkenntlichkeit
oder zu mir selbst,
doch am liebsten an den Ort,
wo der Frühling hinfällt
also vollzieh' ich den einen Strich,
lasse los an diesem Punkt,
gesteh' mir alles ein
und liege in den Wiesen rum
...

Lass los

2013

Illustration von
Marie Käfer

Lass los

Im Morgentau verschläft die Stadt
und träumt von altem Glauben
Das, was sie so müde macht
klebt auch in deinen Augen

Straßenschilder stehen schief
beim Versuch, zu ordnen
Wolkendecken hängen tief
wie fast jeden Morgen

Und du? Du drehst dich träge um
der Wecker soll noch warten
Doch bleibt er nicht ewig stumm
und schreit schon bald nach Taten

Die aber fast einstauben
in ihrer Dauerschleife
Aufstehen, Arbeit, Einkaufen
stets die gleiche Scheiße

Und dieser Trott, der engt dich ein
so wie er sich durchs Leben zieht
als müsst sie stets dieselbe sein
die müde alte Elegie

Brich nicht zusammen, dreh dich um, mach neu
greif durch, zieh los, geh steil
wirbel umher, stell keine Fragen und lass! los!

Raus aus dem Trott – den Haufen von Schrott –
raus aus dem Kopf – raus, weit raus, gleich auf und davon

Als wäre es auch nur einmal wirklich unser letzter Tag
frei von Zweifeln ausbrechen, als ob morgen schon gestern war

Verschüchtertes Schweigen in Reden verwandeln
mit dem Schicksal neu über das Leben verhandeln
vergessen, wer wir zu sein scheinen, nicht, wer wir sind
nur noch strahlend leicht sein wie das Licht und der Wind

Unsere Stärken mal nicht überbewerten
vielmehr unsere Schwächen erkennen
An sich selbst überschätzende Schwätzer
gerne mal ein Lächeln verschwenden

Ordner löschen – Fenster schließen – Mausklickkreuzfahrten
alle Downloads abbrechen – nicht speichern – neustarten
Verträge weder blind noch mit links unterschreiben
übertrieben untertreiben – Aufgesetztes runterreißen

Masken absetzen und echte Farbe ins Gesicht spritzen
frei von Tempolimits kann uns nur ein Augenlicht blitzen
Glitzer in die Haare streuen und silberne Jackets tragen
Flirts nicht gleich beenden mit:
»Du willst doch eh nur Sex haben!«

Lieber still und heimlich, wild und eifrig, heiß und innig lieben
in den leisen dunklen Tiefen unter Zuschauertribünen
Einander schmecken – in blütensüßen Liebesversen
frisch geschlüpfte Schmetterlinge –
aufstehen und Fliegen lernen

Aber lass uns
los – legen
wir es doch drauf an

Nicht mit dem Kopf durch die Wand
nur mit anderen Augen
um für einen Moment
an was Anderes zu glauben

Brich aus, dreh durch, mach dich frei
Greif zu, schieß los, geh ab
wirbel herum, stell die Weichen und lass! es! zu!

Im Morgengrauen erwacht der Tag
verträumt an Neues glaubend
und streut dir sanft bedacht im Schlaf
ein Funkeln in die Augen

Da draußen singt ein süßes Lied
fernab der alten Sorgen
von dem, was es zu ändern gibt
an jedem neuen Morgen

Und du? Du drehst dich lächelnd um
gar froh, den Tag zu starten
Denn heut wird alles andersrum
dank neu gemischter Karten

Anfangen und Freilaufen
und Tanzen aus der Reihe
Abdrehen bis weit draußen
auf wundersame Weise

Möglich kann unendlich scheinen
wenn man dieses Leben liebt
der Rhythmus mag derselbe sein
nur schenk ihm neue Melodien

Künstler-verzeichnis

Mitautor*innen

Tobias Gralke
tobiasgralke.de

Dominique Macri
dominique-macri.de

Illustrator*innen

Zoe Pilarski
instagram.com/zoeloni

Filomena Franke
filolino.de

Lisa Berns
lisaberns.de

Moritz Konrad
moritzkonrad.de

Vanessa Briel
vanessa-briel.de

Alexandra Theiler
alexandratheiler.ch

Julia Kubik

Jana Riedel

Jasper Schmidt
begeisterhaus.de

Marie Käfer
instagram.com/fraeuleinkaefer

Biografie

Philipp Herold (1991, Heidelberg/Berlin) ist einer der facettenreichsten Slam Poeten seiner Generation. Der gelernte Rap MC und studierte Kulturwissenschaftler stellt sein künstlerisches Können seit über einer Dekade auf der Bühne unter Beweis – als Autor, Performer und Moderator.

Er wurde zweifacher deutschsprachiger Vizemeister im Poetry Slam: 2011 in Hamburg im U20-Wettbewerb und 2016 in Stuttgart zusammen mit Tobias Gralke als Casino Wetzlar im Team-Wettbewerb. Im Jahr 2012 war er Ideen- und Herausgeber des ersten Teils der Anthologie »Tintenfrische« (Textsammlung junger Slam-Poet*innen), 2014 erhielt er den Martha-Saalfeld-Förderpreis und 2017 organisierte er gemeinsam mit Word up! e. V. die deutschsprachige U20-Meisterschaft im Poetry Slam. Zudem ist der leidenschaftliche Lyriker bekannt für seine humoristischen Tiergedichte, die er auf Postkarten visualisieren lässt.

Einerseits tourt Herold mit seinen Texten durch den deutschsprachigen Raum, andererseits bewährt er sich als Kurator und Moderator – u.a. beim Dead and Alive Poetry Slam am Staatstheater Karlsruhe, beim Heilbronner Poetry Slam sowie den Word Up! Poetry Slams in Mannheim und Heidelberg. Im Herbst 2018 feierte er die Premiere seines Soloprogramms »Kulturensohn«.

philippherold.com

Bergheimer Straße, Heidelberg, 2017
Foto: Marie Käfer

Danke

Susanne
Andreas
Margrit
Alix
Nicolas
Elena
MZEEJUKE
MC Flowstan
DJ Chonas
Frank Habrik
Kathrin Rabus
Bernd Gsell
Tobias Heyel
Theresa Hahl
Tobias Gralke
Dominique Macri
Nektarios Vlachopoulos
Ken Yamamoto
Stefan Dörsing
Wolf Hogekamp
Lars Ruppel
Marie Käfer
Alexandra Theiler
Julia Kubik
Vanessa Briel
Filomena Franke
Jana Riedel
Zoe Pilarski
Moritz Konrad
Jasper Schmidt
Björn Gögge
Karsten Strack & Denise Bretz
und ganz besonders Lisa Berns

Outro

Dieses Album ist nicht
allein zum Lesen gedacht.
Deshalb findet ihr hier den Hinweis
darauf, wo ihr euch die Texte auch einge-
sprochen zu Ohren kommen lassen könnt.

Die mit viel Liebe angefertigten Audioaufnahmen
gehen über den Korpus des Buches hinaus und
halten noch weitere textliche und musikalische
Überraschungen bereit. Auf meiner Website

www.philippherold.com

findet ihr den entsprechenden Download.
Zugang erhaltet ihr mit dem Passwort:

#alleszuseinerzeit